알기 쉬운 미사 해설

알기 쉬운 미사 해설

1974년 4월 10일 교회인가
1974년 4월 14일 초판 1쇄 펴냄
1997년 1월 20일 개정 초판 1쇄 펴냄
2008년 3월 27일 개정 2판 1쇄 펴냄
2020년 9월 20일 개정 3판 1쇄 펴냄
2024년 4월 5일 개정 3판 4쇄 펴냄

엮은이 · 이기명
펴낸이 · 정순택
펴낸곳 · 가톨릭출판사
편집 겸 인쇄인 · 김대영
편집 · 김소정, 강서윤, 박다솜
디자인 · 이경숙, 강해인, 송현철, 정호진
마케팅 · 안효진, 황희진

본사 · 서울특별시 중구 중림로 27
등록 · 1958. 1. 16. 제2-314호
전자우편 · edit@catholicbook.kr
전화 · 1544-1886(대표번호)
지로번호 · 3000997

ISBN 978-89-321-1731-7 01230

값 6,000원

성경 ⓒ 한국천주교중앙협의회

이 책은 저작권법에 의해 보호를 받는 저작물이므로 무단 전재와 무단 복제를 금합니다.

가톨릭의 모든 도서와 성물을 '가톨릭출판사 인터넷쇼핑몰'에서 만나 보실 수 있습니다.
http://www.catholicbook.kr | (02)6365-1888(구입 문의)

알기 쉬운 **미사 해설**

이기명 엮음

가톨릭출판사

차 례

서론 / 7

미사 예절 해설 / 15

시작 예식 / 19

말씀 전례 / 25

성찬 전례 / 30

감사 기도 / 34

영성체 예식 / 40

마침 예식 / 46

제의색 / 49

성당 내부 / 54

제단과 제대 / 56

주수대, 전례복 / 57

교회 축일표 안내 / 58

서론

1. 제사祭祀란 무엇인가?

인류가 사는 곳에는 언제나 종교가 있었으며, 신을 공경하는 경신례敬神禮의 중심은 제사였다. 이 제사는 인간 본성의 자연적인 발로이며, 또한 하느님께서 이스라엘 백성에게 명령하신 것이다(탈출 3,12). 그러므로 우리가 부모를 공경해야 하는 것과 마찬가지로, 하느님을 공경하고 그분께 제사를 드리는 것 또한 우리의 의무이다.

그러면 제사란 무엇인가? 제사는 우리가 창조주이신 하느님의 최상 통치권에 따른다는 것과 그분께 온전히 예속되어 있음을 드러내는 행위이다. 따라서 최상의 제사는 가장 귀중한 생명을 바치는 행위이다(창세 22,1-11). 그러나 사람을 제물로 바치는 것은 금지되어 있다. 그래서 사람을 대신할 합당한 제물, 즉 우리의 오관五管으로 감지할 수 있는 물건에 인간의 죄를 전가하여 그 제물을 희생시켜 합당한 제관이 봉헌하는 것이다.

2. 구약 시대의 성조들의 제사(창세 4,3-5)

인류 역사의 초기에 카인과 아벨이 각각 하느님께 제사를 드렸는데, 카인은 곡물을, 아벨은 깨끗하고 살찐 양을 하느님께 드렸다. 그런데 행실이 좋지 않은 카인이 성의 없이 드린 제사는 하느님께서 굽어보지 않으시고, 아벨의 제사는 기꺼이 굽어보셨다.

카인과 아벨뿐 아니라 세상을 심판하는 무서운 홍수에서 구함을 받은 노아도 감사의 제사를 드렸으며(창세 8,20), 멜키체덱은 적을 이기고 돌아오는 아브라함을 위해 하느님께 감사하는 마음으로 빵과 포도주를 제물로 바쳤다(창세 14,18-19).

이스라엘 백성도 이집트 노예 생활에서 해방되었음을 기리며 제사를 드렸다. 주님의 천사가 이집트의 맏아들들은 모두 죽였으나 문설주에 어린양의 피를 바른 이스라엘 사람들의 자식들은 지나쳤다. 그래서 이 제사를 파스카(지나감, 과월절)라고 했다. 해마다 이를 기념하는 제사를 지내고 경축했다.

이런 제사들은 모두 신약에 오실 그리스도 제사의 전표前表였다. 예수님께서 행하신 최후 만찬도 어린양을 먹던 파스카 축일에 행해진 것이다.

3. 모세법에 의한 제사

하느님께서는 시나이 산에서 모세에게 주신 십계판과 이집트 노예 생활에서 해방되어 가나안 지방으로 들어갈 때 사막에서 음식으로 내려 주셨던 만나 그리고 기적으로 꽃을 피웠던 아론의 지팡이, 이 세 가지를 넣어 두는 계약의 궤(증거궤)를 만들도록 하셨다. 또한 이를 중심으로 해서 레위 지파를 사제로 선정하여 하느님께 제사를 드리도록 하셨다. 이 모든 제사들은 후에 오실 구세주 예수 그리스도의 완전한 제사를 준비시키는 전표였다(히브 10,14; 1코린 10,4).

4. 신약의 그리스도의 십자가상 제사

하느님께서는 구약의 모든 제사를 통하여 당신의 백성들을 준비시키신 다음, 마침내 구세주 예수 그리스도를 보내시어 하느님께 완전한 제사를 드리도록 하셨다. 그리스도는 대사제로서 당신 자신을 우리의 죄악에 대한 희생물로 제헌하셨다.

예수님께서는 당신 자신을 제헌하시기 전에 사도들과 최후 만찬을 하시면서, "모두 이 잔을 마셔라. 이는 죄를 용서해 주려고 많은 사람을 위하여 흘리는 내 계약의 피다."(마태 26,27-28)라는 말씀으로 새로운 계약을 맺으신 것이다.

예수님께서는 이와 같이 십자가에 달려 당신 자신을 희생하는 유혈제로 온 인류를 구원하셨다. 그리고 신약의 이 제사를 최후 만찬으로써 신비적으로 이루어 놓으셨다.

5. 미사 성제聖祭란?

미사 성제란 "이는 너희를 위하여 내어 주는 내 몸이다. 너희는 나를 기억하여 이를 행하여라."(루카 22,19) 하시면서 당신의 몸과 피를 신비적으로 제헌하셨던 최후 만찬을 재현하는 것이다. 그리고 십자가상의 제사를 새롭게 하는 것이다. 또한 그리스도를 제물로 하느님께 바치는 신약의 제사이기도 하다. 그러므로 미사는 교회가 하느님께 바치는 흠숭지례의 극치이고, 완전한 찬미와 감사의 제사이며, 속죄와 은혜를 구하는 제사이다. 그러므로 이보다 더 큰 기도는 없는 것이다.

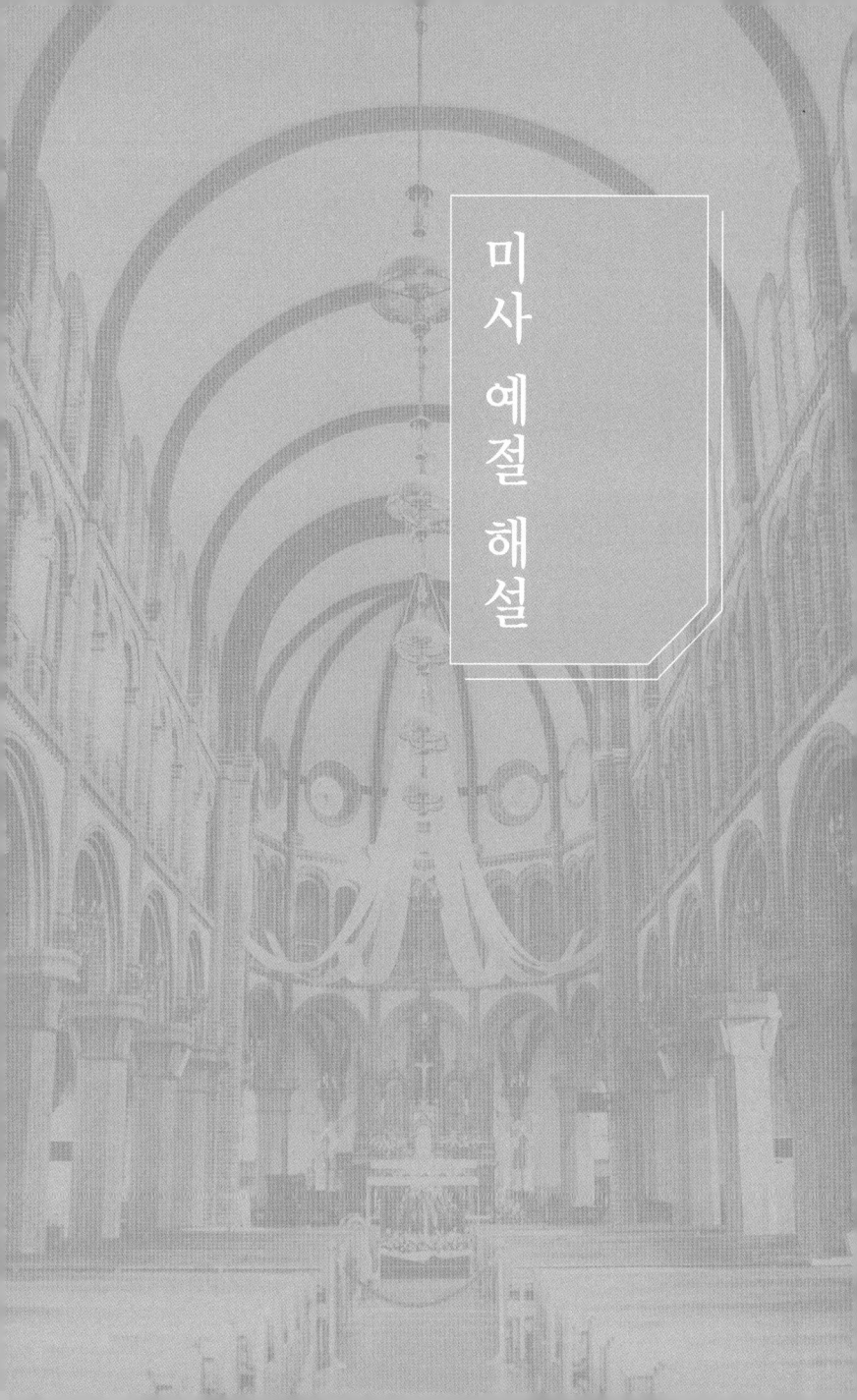

미사 예절 해설

미사 성제는 크게 두 부분으로 나눌 수 있다. '말씀 전례'와 '성찬 전례'이다. 말씀 전례는 생명의 진리인 하느님의 말씀을 듣고 받아들이는 부분으로 초대 교회에서 예비 신자는 이 부분만 참례할 수 있었다. 그래서 '예비 미사'라고도 했다. 성찬 전례는 하느님의 말씀을 듣고 그분을 믿는 이들이 그리스도와 함께 십자가상의 유혈제를 재현하면서 감사의 제사를 올리는 부분이다. 초대 교회에서는 영세한 신자들만이 참례했으므로 '신자들의 미사'라고도 했다.

 미사 경문은 축일의 성격에 따라 변하는 부분과 변하지 않는 부분이 있는데, 변하는 부분은 입당송, 본기도, 독서,

화답송, 복음, 예물 기도, 감사송, 영성체송, 영성체 후 기도 등이다.

시작 예식

입당송

이것은 중세기에 교황이 장엄 미사를 드리기 위하여 성당으로 행렬할 때 부르던 노래이다. 5세기부터는 이 행렬 때 모든 신자들이 다 함께 교송交誦과 시편을 반복하며 장엄하게 입당송을 바쳤다. 그러나 7, 8세기에 이 행렬이 없어지게 되자 시편을 줄여서 읊게 되었다. 입당송은 그날 미사의 현의玄義와 축일의 뜻, 우리가 가져야 할 초자연적 지향을 담고 있다.

인사

14세기부터 사제는 미사 시작 전에 "성부와……" 하며 십자성호를 그었는데, 이는 세례식을 상기시키며 세례성사와 성체성사와의 연관성을 드러내는 것이다. 또한 십자가에 못 박히심으로써 구원을 주시는 그리스도께 우리가 속해 있음을 드러내는 신앙 행위의 표시이기도 하다.

"주님께서 여러분과 함께!" 하는 것은 부활하신 그리스도께서 제자들에게 나타나실 때마다 "너희에게 평화가 있기를" 하시며 인사하신 것과 같다. 그리스도를 대신하는 사제가 주 예수 그리스도를 신자들에게 주듯이 하는 인사이다. 또한 이 인사는 주님의 은총을 바라는 신자들의 신심 생활을 단적으로 말해 주는 인사이기도 하다.

참회

이것은 통회의 기도인데, 인노첸시오 3세 교황(1198-1216년 재위)에 의해 미사 경문에 삽입된 것이다. 이 기도는 만물의 주재자이시고, 정의의 판관이신 하느님의 대전에 나아가려는 생각을 할 때 수많은 죄로 더럽혀진 자신을 결백하게 하지 않는 것은 부당하다고 느끼며 바치는 기도다. 즉, 천상 잔치에 나아갈 생각을 하며, 자신의 가슴을

칠 정도로 겸손되이 통회하여 용서를 얻고자 바치는 기도인 것이다. 또한 미사의 은혜를 받으며 하느님과 천상 성인들에게 은총과 도우심을 풍성히 내려 달라고 경건한 마음으로 청하기 위한 것임을 기억하는 것이 좋겠다.

'허리를 굽히는 것'은 겸손을 나타내는 것이고, '성모님과 성인을 부르는 것'은 우리 죄를 뉘우치는 데 그분들을 증인과 전구자로 세우기 위한 것이다. 이어서 '사죄경'을 외우는데, 이것은 진심으로 통회하며 소죄들을 용서받기 위한 것이다.

자비송 Kyrie

"주님, 자비를 베푸소서.": 주님의 자비를 구하는 기도로서 동방 교회에서 시작한 것이다. 성 젤라시오 1세 교황(492-496년 재위)에 의해 보급되었다.

"그리스도님, 자비를 베푸소서.": 로마에서 성 그레고리오 교황(590-604년 재위) 때 시작되었다.

프랑스 지방에서는 8세기부터 이를 세 번씩 세 번(현재는 두 번씩 세 번) 했다. 초대 교회에서는 교황이 그 축일의 특별한 사건과 관련된 장소에서 미사를 봉헌했다. 이때 신자들은 단체로 행렬을 지어 참례하러 가면서 호칭 기도의 응답으로 "기리에……"를 수없이 되풀이했다. 그런데 이 행렬이 없어져 호칭 기도가 필요 없게 되자, 응답하던 "기리에 엘레이손"과 "크리스테 엘레이손"만 남았다. 그래서 이를 9번 되풀이한 것이다. 자비를 구하는 기리에나 크리스테 엘레이손은 모두 성자 그리스도를 의미하며 그리스도께 자비를 구하는 기도이다.

대영광송 Gloria

이는 성삼위聖三位를 찬미하는 아름다운 찬송시이다. 4세기에는 교회 안에서 아침 찬미가로 불렸다.

대영광송은 먼저 베들레헴에서 천사들이 구세주의 탄생을 찬미하던 노래로 시작하며, 이어서 하느님 아버지께 찬미를 드리고 다음에는 하느님의 아들이신 그리스도의 천주성天主性을 찬미하며 그분의 구원의 업적과 그로 인하여 받은 영광을 찬양한다. 그다음에는 성령께도 찬미와 감사를 드리면서 삼위일체에 대한 찬미로 끝맺는다. 이는 하나의 신앙 고백인 동시에 감사의 노래이다.

이 노래는 본래 주님 부활 대축일에 부르던 것이었으나 성 심마쿠스 교황(498-514년 재위)이, 주교는 주일과 대축일, 순교자 축일 미사에, 사제는 주님 부활 대축일에만 이 노래를 부르도록 정했다. 현재는 모든 주일과 대축일, 축일 그리고 특별한 경축 미사 때에 부른다.

본기도

하느님의 백성을 대표해서 바치는 사제의 기도이다. 신자들은 이 기도가 끝난 후 "아멘"을 하여 이 기도를 자신의 기도로 만든다.

기도할 때 우리의 자세는 우리 마음의 표현이다. 그러므로 기도할 때 손을 합장하는 것은 주님께 대한 애원과 그리스도와의 일치를 표현하기 위한 것이다.

손을 높이 들어 벌리는 것은 구약 시대로부터 내려 오는 전통적인 장엄 기도의 자세이다. 손가락을 위로 향하는 것은 하늘에 계신 주님께로 향하는 우리 신앙의 표시이고, 양손을 마주 보게 하는 것은 애덕의 표시이며, 들었

던 두 손을 다시 합하는 것은 주님에 대한 신뢰와 겸손의 표시이다.

"그리스도를 통하여 비나이다."라고 하는 것은 우리가 받은 모든 은혜가 하느님과 인간의 중개자이신 예수 그리스도의 공로에 의한 것이고 하느님께 찬미와 존경을 드리는 것 역시 그리스도를 통하여 할 수 있다는 뜻이다. 예수님께서 우리가 무엇을 청할 때 당신 이름으로 "청하면 들어주겠다."고 하셨기 때문에 그러한 기도를 하는 것이다.

말씀 전례

독서

구약의 이스라엘 백성이 안식일이나 축일에 하던 성경 봉독 예배에서 비롯되었다. 예수님께서는 이스라엘 풍속대로 성경 봉독 예배에 참여하셨다(루카 4,16-20). 그래서 그리스도께서 하신 대로 이 부분에서 독서를 하는 것이다. 초대 교회에서는 구약 성경에서 하나, 서간과 복음서에서 각각 하나씩 해서 모두 3개의 구절을 미사 중에 읽었는데, 성 그레고리오 1세 교황(590-604년 재위) 때부터 신약이나 구약 중에서 하나를 읽다가 제2차 바티칸 공의회 이후부터 주일 미사에서는 예전처럼 2개의 독서와 복음을 미사 중에 읽게 되었다.

독서 끝에 신자들이 "하느님 감사합니다."라고 답하는 것은 하느님의 말씀을 통하여 우리 마음과 지혜를 비추어 주셨음을 주님께 감사드린다는 뜻이다.

화답송

구약 시대 이스라엘 백성들이 집회소에서의 성경 봉독을 통하여 하느님의 말씀을 들은 다음 주님을 찬미하기 위해 시편을 노래했듯이, 미사 중에도 독서 다음에 시편을 읽음으로써 주님을 찬미하는 것이다. 전에는 층계송이라 했는데, 층계송이란 말은 8세기부터 층계에서 읽었기 때문에 생겼다.

복음 환호송 – 알렐루야

알렐루야는 "하느님을 찬미합시다!"라는 의미로 주님 부활 대축일에만 해 왔는데, 6세기에 그 밖의 주일과 축일에도 하도록 정했다. 현재는 사순 시기를 제외하고는 언제나 부를 수 있다. 이는 가장 즐겨 부르던 노래로서 그날 축제의 기쁨을 마음껏 표현하는 동시에 복음을 들을 준비를 하는 기도이다.

복음

'말씀 전례' 부분의 최고 절정을 이루고 있으며, 복음서를 낭독하기 전후에 특별히 존경을 드리는 예절이 따른다.

사제가 복음을 읽기 전에 제대를 향해 허리를 굽혀 기도하는 것은 구약의 이사야 예언자가 했듯이 복음을 읽을 마음과 혀를 깨끗하게 해 달라고 하느님께 청하는 것이다.

그리고 복음을 읽기 전에 이마와 입술과 가슴에 작은 십자가를 긋고, 또 신자들도 그렇게 하는 것은 그리스도의 말씀과 사적을 머리로 깊이 생각하고, 마음속 깊이 간직하여, 입으로 전하고 실천하면서(복음을 통하여 알려 주신 것에 대한) 신앙을 고백하겠다는 표시이다. 그러므로 우리는 복음을 들을 때, 믿음과 경건한 마음을 가지고 들으면서 가르쳐 주시는 바를 실천하겠다는 마음을 가져야 한다.

사제는 복음을 읽고 난 후 "이 복음의 말씀으로 저희 죄를 씻어 주소서." 하며 고개를 숙여 그리스도께 존경과 사랑의 표시를 한다.

강론

사제가 신자들에게 성경을 해설해 주고 신앙에 관련된 것들을 그날 전례 정신에 비추어 해석하여 들려주는 시간이다.

신앙 고백 – 사도 신경

복음의 말씀에 대한 우리 믿음의 응답이다. 이 신경은 주님의 기도와 함께 초대 교회 때부터 사용하던 것으로, 특히 신입 신자가 영세 때 가톨릭교회의 참신앙을 받아들인다는 표시로 처음으로 외우는 기도이다. 세례성사로써 부활하신 예수 그리스도의 생명을 받은 모든 신자들은 부활을 기념하는 주일 미사 중에 이 신경을 외운다. 이것은 새 생명을 받은 세례식 때 우리가 가졌던 초심을 상기시켜 준다. 사도 신경은 사도들이 예수님께 배워서 전해 준 신조信條를 바탕으로 만들어진 것이다.

보편 지향 기도

신자들이 교회의 염려되는 일이나 어려운 사정을 위하

여 함께 기도하는 것이다. 이는 그 자리에 모여 있는 신자들 자신을 위한 것이 아니라 주로 그곳에 참석하지 못한 불쌍한 이들을 위하여 바친다. 초대 교회에서 많이 바쳤던 이 기도는 6세기에 사라졌다가 제2차 바티칸 공의회 후에 다시 복구되었다.

성찬 전례

예물 준비

예물 봉헌

성 이레네오와 성 테르툴리아노에 의하면, 2세기부터 성체를 이루는 데 필요한 빵과 포도주를 집에서 가지고 와서 제대 앞까지 행렬을 하며 바쳤는데, 그때 시편을 노래하기도 했다(5세기)고 한다. 10세기에 이르러서는 이 예물 봉헌의 행렬이 차츰 없어졌다가 제2차 바티칸 공의회 이후 다시 행하기 시작했다.

갈바리아 십자가상 제사를 새롭게 하는 미사의 제물은 역시 그리스도 자신이시다. 초대 교회에서는 그리스도의 몸과 피가 될 빵과 포도주를 신자들이 가지고 왔으나, 11, 12세기부터는 그와 같은 불편을 없애기 위해 현금을 바치게 되었다.

제물로 쓰던 빵은 누룩이나 다른 물질이 들어 있지 않은 순수한 밀로만 된 빵인데, 이것은 예수님께서 최후 만찬 때에 그러한 밀떡을 쓰셨기 때문에 현재도 그러한 재료를 사용하는 것이다.

밀떡의 봉헌

빵과 술은 인간의 수고로 이루어진 것으로서 우리 인간이 먹고 사는 음식이며, 이는 우리의 생명을 뜻한다. 그러므로 이 예물은 곧 우리 자신을 봉헌하는 것이다. 사제는 성반 위에 큰 밀떡인 대제병을 하느님께 바치며, 사제 자신과 참례하고 있는 신자들과, 산 이와 죽은 이들을 위한 제물을 합당하게 받아주시기를 하느님께 기도한다.

성작 준비

사제는 성작에다가 포도주를 붓고, 물을 포도주 분량에

비해 3분의 1 이하의 양을 섞는다. 이렇게 하는 것은 최후 만찬 때에 예수님께서 그렇게 행하셨기 때문에 그대로 하는 것이며, 초대 교회 때부터 그렇게 해 왔다. 본래 포도주에 물을 조금 타서 마시는 것은 일반 풍속이었다. 포도주에 물을 섞는 이유는 우리를 그리스도께 한데 합쳐서 하느님께 바친다는 뜻이다. 또한 예수님께서 십자가상에서 돌아가셨을 때 예수님의 늑방(심장)에서 흘러나온 피와 물을 연상시키기 위함이기도 하다.

사제는 포도주가 담긴 성작을 높이 들어 하느님께 바치는 봉헌 예절이 끝나면 허리를 굽혀 겸손하게 통회하면서 마련한 제물을 하느님께서 즐겨 받으시고, 그 제물이 자신과 신자들에게는 구원이 되도록 기도한다. 이어서 사제는 손을 씻는다.

손을 씻음

초대 교회에서는 신자들이 집에서 가지고 온 예물을 사제가 받았는데, 이때 더러워진 손을 깨끗이 씻던 깃이 오늘날까지 예절 속에 남아 행해지는 것이다.

신자들의 기도를 청함 ("형제 여러분…….")

그리스도의 거룩한 몸과 피가 될 밀떡과 포도주에 신자들 자신도 합쳐서 하느님께 바치는 것이므로, 그 거룩한 순간에 들어가기 전에, 신자들이 정신을 가다듬어 함께 기도하자고 사제가 신자들에게 청하는 것이다.

예물 기도

이 기도는 초대 교회 때 신자와 예비 신자가 합석한 가운데 바쳤다. 그렇지만 본래 예물 기도는 예비 신자와 따로 드리는 신자들만의 기도였다. 사제는 이때 당일 미사(축일)의 신비를 다시 한번 인용하면서 제대에 준비된 제물 위에 축복이 내리도록 하느님께 간구한다.

감사 기도

감사송

그날 축일의 성격에 따라 각각 다른 감사송을 바친다. 성 레오 교황 때에는 267개가 있었는데, 그 후 성 젤라시오 2세 교황(1119년) 때에는 186개로 줄었고, 이후 계속 줄어서 성 비오 5세 교황(1572년) 때에는 11개의 감사송으로 줄었다. 그러나 현재는 140여 개의 감사송을 사용하고 있다.

본래는 감사송으로 미사 성제가 시작되었다. 예수님께서도 최후 만찬 때에 빵과 포도주를 들고 성부께 감사를 드리신 후 성찬을 나누셨다.

감사송은 감사를 드리는 기도이다. 그 내용은 축일의 현의에 따라 약간씩 다르지만, 근본 사상은 그리스도께서 이 세상에 오시어 우리 인류를 구원하시기 위해 수난하시고 죽으신 후 부활 승천하신 사적을 회상하며, 당신 살과 피를 늘 우리에게 주심에 감사드리고 이러한 위대한 사업을 하시도록 당신 아들을 보내 주신 하느님 아버지께 감사드리는 것이다. 이와 같이 중대한 순간임을 일깨워 주기 위하여 사제와 신자들이 성대한 대응을 한다.

거룩하시도다 Sanctus

천사들이 지극히 높으신 하느님을 경외하며 부르는 천사들의 찬미가이다(이사 6,2 이하).

"주님의 이름으로 오시는 분, 찬미받으소서! 높은 데서 호산나!" 하는 것은 예수님께서 예루살렘에 입성하실 때, 히브리 백성들이 예수님을 왕으로 환영하던 개선의 찬미(마태 21,9)를 우리도 여기서 하는 것이다(시편 118,26). 그리스도의 구속 사업으로 인하여 천상과 지상에 하느님의 영광이 드러났음을 찬미하며 우리의 임금이시며 대사제로 오신 그리스도를 감사와 찬미로써 온 세상이 환영하는 것이다.

성령 청원: 축성 기원

이제부터 제사의 핵심 부분으로 들어간다.

사제는 마련된 제물 위에 십자가를 긋고 두 손을 덮으면서 성령의 능력으로 거룩한 변화가 이루어지기를 기도한다. 이때 복사가 종을 치는 것은 지극히 거룩한 순간이 다가오니 정신 집중을 하라는 의미다.

성찬 제정과 축성문

사제가 밀떡을 들고 축성하기 전에 눈을 하늘로 향하는 것은 감사와 봉헌의 표시이다. 이는 예수님께서 최후 만찬을 하실 때, 빵을 많게 하는 기적을 행하실 때, 죽은 라자로를 부활시키실 때에 그렇게 하셨기 때문이다.

이때 사제가 밀떡을 들고 "이는…… 내 몸이다" 하면 그 순간에 밀떡은 그리스도의 몸으로 변화되고, 포도주를 들고 "이는…… 내 피의 잔이니……" 하는 순간에 포도주는 그리스도의 피로 변화된다. 그러므로 이 엄숙하고 거룩한 순간에 우리 신자들은 무거운 침묵을 지키며, 그리스도의 성체와 성혈을 흠숭하는 것이다. 우리는 말로 표현 못할

이 순간에 사제의 말씀을 따라 제대 위에 새로 나시는 예수님께 감사와 찬미하는 마음을 가져야 하며, 내 마음에 오시기를 간절히 바라야 한다.

축성의 말씀 후, 사제가 허리를 굽혀 절하는 것은 제대 위 성체 성혈 안에 실제로 계시는 예수 그리스도를 흠숭하기 위함이며, 복사가 종을 치는 것은 그리스도의 성체와 성혈을 흠숭할 시각임을 제대에서 멀리 떨어져 있는 신자들에게도 알려 주고, 신자들의 온 정신을 제대 위로 집중시키기 위함이다.

성체와 성혈을 따로 축성하는 것은 그리스도의 죽음을 의미하며, 성체와 성혈을 높이 드는 것은 신자들로 하여금 흠숭하게 하기 위함이다. 이 성체 거양은 12세기 때부터, 성혈 거양은 16세기부터 하기 시작했다.

성 비오 10세 교황(1914년)은 성체에 대한 신자들의 신심을 일으키기 위하여, 거양 성체 때 성체를 우러러보며 마음속으로 "나의 주님, 나의 참주님이십니다."라고 열심한 마음으로 기도하면 대사를 얻을 수 있도록 허락하였다.

기념과 봉헌

사도 시대부터 시작된 이 기도문은 4세기에 현재의 양식으로 고정되었으며, 그리스도의 수난과 죽으심, 부활과 승천하심을 기념하는 내용을 담고 있다. 그리스도의 이 사건들을 기념하며 교회는 그리스도의 말씀으로 축성한 생명의 빵과 구원의 잔을 제물로 봉헌한다.

전구

- **교회를 위해 기도함**: 사도 시대부터 신자들은 교회를 위해 기도가 필요하다는 것을 알고 기도했기 때문에 (예: 베드로 사도의 투옥 때) 오늘날에도 교회 내의 평화와 일치를 위해, 또 신자들의 구원을 언제나 염려하고 돌보는 교황과 주교를 위해서 기도하는 것이다.
- **죽은 이들을 기억함**: 죽은 이들을 위해 기도하는 것은 사도 시대부터 해 왔다. 신자들이 죽은 이들을 위해 기도하는 것을 큰일 중의 하나로 여겨왔다는 것은 교회 역사를 보아도 알 수 있다. 우리보다 먼저 세상을 떠난 이들을 기도로 돕는 것은 우리의 본분이다. 그리

고 그들의 벌을 감해 주시고, 빨리 안식을 누리게 해 주시기를 기도하는 데는 미사의 은혜가 가장 큰 것이다. 그래서 사제는 죽은 이의 영혼을 주님께 부탁드리며 기도하는 것이다.

- **산 이를 기억함**: 죽은 이를 기억함과 같은 의미로, 미사의 은총을 미사를 청한 이에게 특별히 내려 주시고, 그 다음 그곳에 참례하고 있는 이들 위에 내려 달라고 기도하는 것이다. 이렇게 세상에 살아 있는 사람들을 미사 중에 사제가 기억하며 기도하는 것은 초대 교회에서부터 시작되었고, 4세기에는 이미 널리 퍼졌으며, 기억하는 사람의 이름을 적어서 부제가 읽었다.

다음으로 사제는 미사의 핵심 부분을 끝맺는다. 성체와 성혈을 가슴 높이로 올리며 인류 구원 성업이 그리스도에 의해 이루어졌음을 모든 이들에게 선언하면서 성삼위께 찬미를 드린다.

영성체 예식

주님의 기도

우리 영혼과 육신을 먹이시고 생활하게 하시는 주님께서 자녀인 우리에게 직접 가르쳐 주신 주님의 기도를 하는 것은 참으로 의미 있는 일이다. 미사 중에 주님의 기도를 공식적으로 하기 시작한 것은 4세기부터였다. 미사 중 이 부분에서 주님의 기도를 하는 것은 영성체를 준비하기 위한 기도를 하는 것이다.

평화 예식

사제는 이어서 낮은 목소리로 온 성교회와 우리를 위해 평화의 기도를 바친다. 이 평화가 영성체로써 우리 안에

보존될 때 그리스도인으로서의 생활이 완성되는 것이며, 우리 주위에 주님의 나라가 임하도록 하는 것이다.

빵 나눔

사제는 큰 성체를 반으로 나눈다. 사제가 이렇게 반으로 나누는 것은 예수님께서 최후 만찬 때 빵을 떼어서 나누어 주셨음을 나타내는 것이다. 초대 교회에서도 빵을 떼어 나누어 영했는데, 이는 모든 신자들이 한 분이신 그리스도의 사랑으로 일치됨을 의미하기도 하지만, 미사라는 전례상의 의미는 그리스도의 죽음, 즉 영혼과 육신의 갈림을 뜻하며, 십자가상 제사의 제물의 파기(죽음)를 표현하는 것이다.

그다음에 사제가 큰 성체에서 또 한 번 작은 부분을 떼어서 성작 안의 성혈에 넣는 것은, 우리의 죄 때문에 예수님께서 속죄의 제물로 십자가상에 죽으심으로써 갈라졌던 예수님의 몸과 피가 다시 결합하여 다시 살아나심(부활)을 의미하는 것이다.

하느님의 어린양 Agnus Dei

이 기도는 주님의 자비를 간절히 바라는 기도로서 8세기부터 미사 중에 하게 되었다. 이 기도문을 세 번이나 거듭하는 것은 우리가 하느님의 자비를 그만큼 절실히 바란다는 것을 드러내는 것이다.

이는 구약 시대에 하느님의 백성이 어린양의 피로써 이집트에서 구원된 것과 같이 신약의 백성을 죄와 죽음에서 구해 내신 하느님의 어린양이신 주님께 감사와 찬미를 노래하는 것이다.

영성체

사제는 성체를 신자들에게 높이 들어 보이며 그리스도의 잔치에 초대한다. 이때 신자들은 밀떡의 형상 속에 숨어 우리에게 오실 성자 예수님을 우러러 보며 기도한다. 이때 바치는 기도는 성경에 나오는 백인대장이 굳센 믿음과 겸손한 마음으로 자기의 병든 종을 낫게 해 달라고 예수님께 청할 때 했던 말이다. "주님, 제 안에 주님을 모시기에 합당치 않사오나 한 말씀만 하소서. 제 영혼이 곧 나

으리이다." 이는 우리가 그리스도의 성체를 받아 모시기에 부당함과 무가치함을 인정하여, 성체를 받아 모시는 것이 단죄의 원인이 되지 않도록 사죄를 청하는 탄원의 기도이다.

초대 교회에서는 신자들도 성체와 성혈 두 가지를 다 영했다. 그러나 신학이 발전함에 따라 그리스도께서 빵과 포도주에 각각 완전한 모습으로 현존하심을 명백히 인식했고, 성혈을 영함에 따르는 외적인 불편도 컸기 때문에 1415년 콘스탄츠 공의회에서 신자들이 성혈을 영하는 것을 금했다.

우리는 영성체를 통하여 우리에게 오시는 그리스도를 존경과 사랑으로 맞이하고, 나 자신과 모든 것을 전부 예수님께 봉헌하며 비천한 나에게까지 내려오심에 감사드려야 한다.

예수님께서는 "내 살을 먹고 내 피를 마시는 사람은 내 안에 머무르고, 나도 그 사람 안에 머무른다."(요한 6,56)라고 하셨다. 그래서 우리는 바오로 사도처럼 "내가 사는 것이 아니라 그리스도께서 내 안에 사시는 것입니다."(갈라

2,20)라고 고백할 수 있다. 또 예수님께서는 "내 살을 먹고 내 피를 마시는 사람은 영원한 생명을 얻고, 나도 마지막 날에 그를 다시 살릴 것이다."(요한 6,54)라고 약속해 주셨으니 영성체로써 큰 은혜를 주시고자 하시는 그리스도께 감사드려야 한다.

영성체송

이 기도문은 그날의 미사와 성체의 신비를 표현하며 신자들이 영성체하는 동안에 부르던 것이다. 미사 성제를 통하여 십자가상의 제헌과 구원을 새롭게 하고 구체화된 그리스도의 성찬에 초대받았음을 기뻐하며 감사를 드리는 노래이다.

4세기에는 교송과 시편을 노래했으나, 12세기에 와서는 시편은 하지 않고 오늘날처럼 기도만 하게 되었다.

신자들의 영성체가 끝나면, 사제는 남은 성체를 감실에다 모시고 물을 부어 성반과 성합과 손에 묻은 성체 가루를 깨끗이 영하는데, 이것은 성체에 대한 주의와 존경을 작은 부분까지도 다하기 위함이다.

영성체 후 기도

그날의 미사와 특히 영성체로 받은 은혜에 감사하며 드리는 마지막 장엄 기도이다. "모든 일에 언제나 우리 주 예수 그리스도의 이름으로 하느님 아버지께 감사"(에페 5,20)하는 마음을 더욱 드러내어 기도할 때이다.

마침 예식

사제의 강복

옛날에는 주교가 미사를 마치고 성당을 나가면서 신자들에게 아무 말 없이 십자가만 긋다가 나중에는 십자표와 함께 강복의 말도 함께 하였다. 그 후 9세기부터는 사제들도 십자가를 그으며 강복을 주었다. 이 축복의 예절은 16세기에 성 비오 5세 교황이 정한 것이며, 천주 성삼의 이름으로 미사 끝에 주는 것이므로, 그리스도께서 세상을 떠나시기 전에 제자들에게 마지막 축복을 주신 것을 상기시켜 준다.

마지막 인사와 파견

미사가 끝났음을 알리는 것이다. 우리는 성찬에 초대받아 그리스도와 또한 그리스도 안에서 모두와 형제적 일치를 이뤘다. 이 인사는 이러한 우리에게 공동체적 사명 의식 속에서 세상에 나가 그리스도를 증거하고 그분의 복된 소식을 모든 이에게 전해야 함을 명심하게 하는 것이다. 즉, 우리는 사도로서 파견됨을 명심해야 하는 것이다. 그리고 우리는 이 모든 것에 대하여 진심으로 하느님께 감사드려야 한다.

제의색

초대 교회에서는 미사 때 제의색祭衣色을 특별히 정하지 않고 성경과 관련시켜 백색 한 가지만을 자주 입었다. 그러다가 그 축일의 특별한 의미를 제의색으로 드러내고자 했다. 예를 들면 예수님께서 돌아가신 날의 슬픔을 표시하기 위해 흑색을 사용하는 등 여러 가지 색을 주교가 자유로이 사용하다가, 인노첸시오 3세 교황(1198-1216년 재위) 때 다음 다섯 가지 색으로 결정되었다.

1. 백색

이 색은 하느님께서 친히 입으신 것(묵시 3,4.18 이하)으로 영광과 결백, 기쁨의 상징이다. 그래서 주님 부활 대축일,

주님의 축일, 성모 축일 및 천사 축일, 순교자가 아닌 성인 성녀 축일, 성당 봉헌 축일에 사용한다.

2. 홍색

순교자의 피를 생각하게 해 주는 것으로서, 주님 수난 성지 주일, 주님 수난 성금요일, 성령 강림 대축일, 성 십자가 현양 축일, 사도들과 복음 사가들의 축일 그리고 순교자들의 축일 등에 사용한다.

3. 녹색

생명의 희열과 희망을 상징하는 색으로서 연중 시기에 사용한다. 즉, 주님 공현 대축일 후부터 사순 시기 전까지, 성령 강림 대축일 후부터 대림 시기 전까지의 모든 주일과 평일에 사용한다.

4. 자색

죄에 대한 통회와 보속을 상징하는 것으로서, 대림 시기와 사순 시기에 사용한다.

5. 장미색

대림 3주일과 사순 4주일에 사용하는 것으로서 이 시기에 성탄과 부활의 서광을 앞두고, 약간의 휴식과 즐거움의 시간을 갖는다는 의미가 있다. 그래서 그 기쁨이 완전하지 못하므로 자색과 백색의 중간색을 사용하는 것이다.

* 흑색: 죽음을 상징하므로, 장례 미사와 위령 미사에 사용한다.

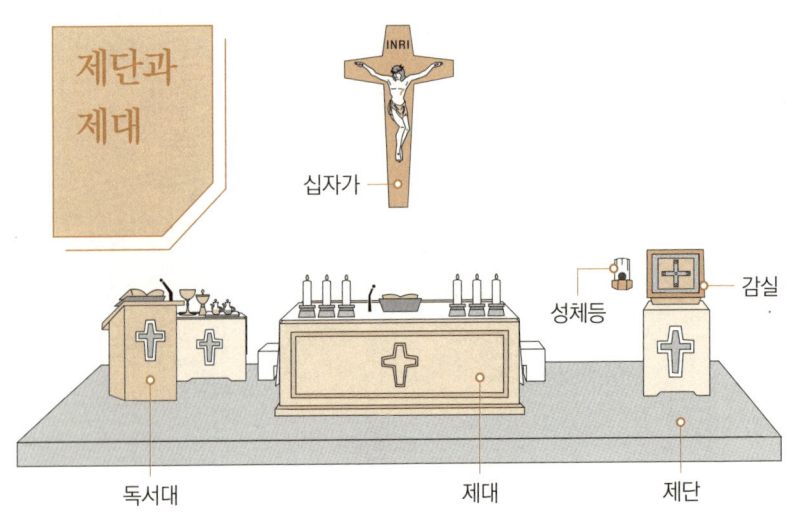

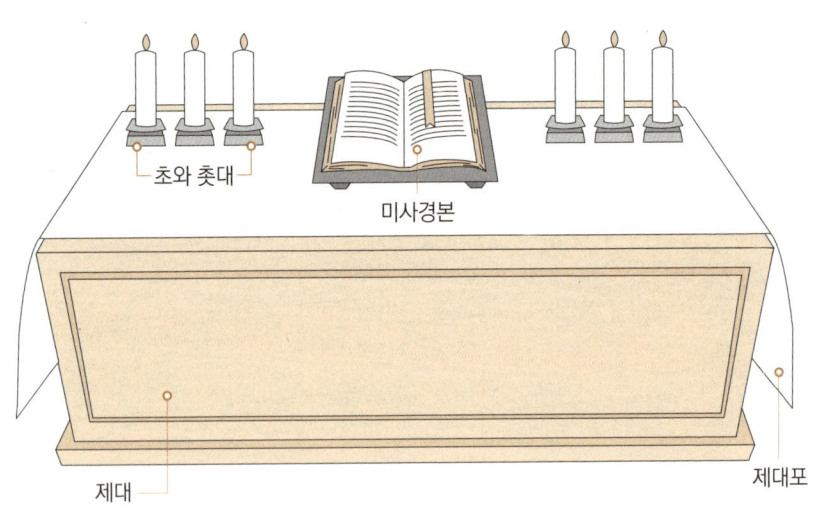

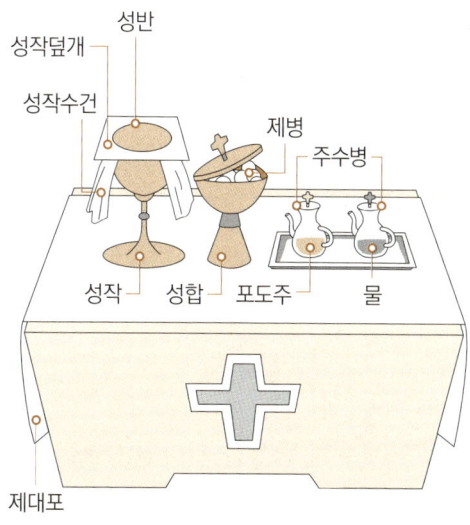

교회 축일표 안내

대림 시기
구세주의 탄생을 기다림(12월경)

주님 성탄 대축일
구세주의 탄생(12월 25일)

주님 공현 대축일
구세주께서 외교인外敎人에게 나타나심(1월경)

사순 시기
예수님께서 우리를 위하여 당하신 수난을 묵상하며 부

활절을 준비함(40일간, 2-3월경)

성주간
예수님의 고난과 죽으심을 묵상함(사순 시기 마지막 주간)

주님 부활 대축일
예수님께서 죽음에서 살아나심(4월경)

주님 승천 대축일
예수님께서 하늘에 올라가심(부활 후 40일째)

성령 강림 대축일
성령께서 성모님과 사도들에게 내려오심(부활 후 50일째)

연중 시기
성령 강림 후부터 다음 대림 시기까지 예수님께서 가르치신 대로 성령과 함께 하느님의 백성으로 사는 시기임(5월경-11월 말경)